Um Dia de Cão

UM DIA

A beleza está nos olhos de quem a vê

Jim Dratfield

BERTRAND BRASIL

Título original: *Underdogs*

Foto do autor: Ken Clare

Tradução: Eduardo Francisco Alves

Capa e projeto gráfico: Rodrigo Rodrigues

Todas as fotografias *by* Jim Dratfield, exceto as das páginas 35, 96-97 e 108-109 *by* Jim Dratfield/Paul Coughlin, Petography™.
Publicado mediante contrato com Clarkson Potter, uma divisão da Random House, Inc.

2002
Impresso no Brasil
Printed in Brazil

Cip-Brasil. Catalogação na fonto
Sindicato Nacional dos Editores de Livros, RJ

D614d Dratfield, Jim
Um dia de cão: a beleza está nos olhos de quem a vê / Jim Dratfield; tradução Eduardo Francisco Alves – Rio de Janeiro: Bertrand Brasil, 2002.
116p.: il.

Tradução de: Underdogs
ISBN 85-286-0958-8

1. Cão – obras ilustradas. 2. Fotografia de cão. I. Título.

CDD - 636.77
02-0573 CDU - 636.7 (084.1)

EDITORA BERTRAND BRASIL LTDA.
Rua Argentina, 171, 1° andar – São Cristóvão
20921-380 – Rio de Janeiro – RJ
Tel.: (0XX21) 2585-2070 Fax: (0XX21) 2585-2087

Atendemos por Reembolso Postal

Dedicado, com o mais profundo afeto,

a meu querido irmão, Paul Esposito,

que cuidou de mim com devoção

desde os meus dias de fraldas até os atuais dias de cão.

Defendo as minhas imperfeições como se fossem a própria essência do meu ser.

ANATOLE FRANCE

Se há uma coisa que amamos, é um cão vira-lata.

Somos uma nação de vira-latas e celebramos o triunfo da personalidade sobre a herança de berço. Acreditamos que se tivermos caráter, determinação e inteligência, poderemos vir a ser alguma coisa na vida. Por isso, torcemos pelo time da terceira divisão, que, contra todas as probabilidades de vitória, enfrenta o grande campeão, pela pequena empresa que concorre com a corporação gigantesca, pelo menino pobre da roça que anda quilômetros para ir à escola e um dia se torna um grande homem.

Mas, às vezes, não reparamos nesses vira-latas que deram significado à expressão *vira-lata* (por acaso, uma expressão que inventamos por aqui mesmo). É comum nos derretermos com imagens de lindos filhotes de labrador, com seus olhinhos lindos e patinhas enormes, tropeçando entusiasmados uns nos outros. Ou com espertos boxers, ou com os heróicos pastores alemães, ou com dálmatas hollywoodianos.

Porém, conforme vou executando meu trabalho de fotógrafo de cães, descubro uma coisa incrível: os cães de *pedigree* indeterminado, aqueles fichados como SRD (sem raça definida), ou fora de moda, podem ser os companheiros mais encantadores. Este livro, portanto, é uma celebração a esses vira-latas — e um lembrete sobre quem somos. Alguns cães fotografados neste livro são, de fato, da mais pura linhagem; mas suas raças não são as mais celebradas, não estão na moda. Outros cães aqui são mestiços — como mais da metade dos cães deste país. Mas são todos cães com personalidade, inteligência e, muitas vezes, humor. Todos são amados; e, por isso, todos eles amam.

E o amor não tem *pedigree*.

Minha vida não tem propósito,
nem direção, nem objetivo, nem sentido,
e mesmo assim sou feliz.
Não consigo entender!
O que estou fazendo direito?

CHARLES M. SCHULZ

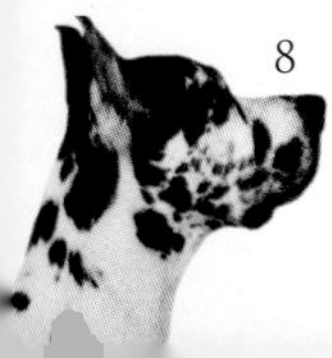

Não estou acima do peso,
sou apenas uns cinqüenta centímetros
mais baixa do que deveria.

SHELLY WINTERS

Se você é possuído por uma idéia,
encontra-a expressa em toda parte,
pode até mesmo farejá-la.

THOMAS MANN

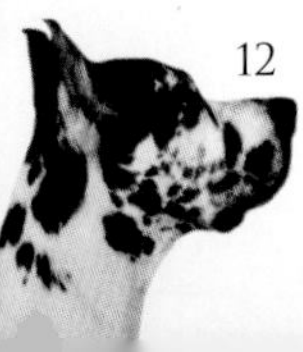

A curiosidade é
uma das características
inerentes e indubitáveis
de uma mente vigorosa.

SAMUEL JOHNSON

Quando perdemos o direito de ser diferentes, perdemos o privilégio de ser livres.

CHARLES EVANS HUGHES

A perfeição está fora de cogitação.

ANNE ARCHER

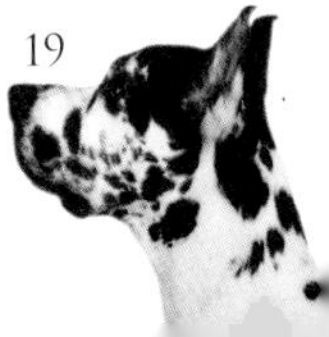

O conformismo é o carcereiro da liberdade e o inimigo do crescimento.

JOHN F. KENNEDY

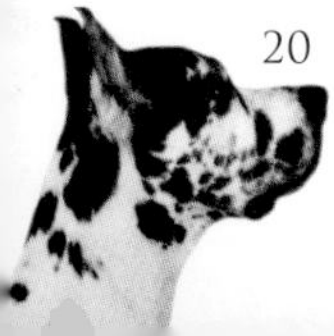

Todas as coisas são possíveis para aquele que crê.

SÃO BERNARDO DE CLARAVAL

Quando ouço falar do caráter, da lealdade e da dedicação dos cães, fico impassível. Todos os meus cães foram uns patifes, ladrões e encrenqueiros, mas mesmo assim amei todos eles.

HELEN HAYES

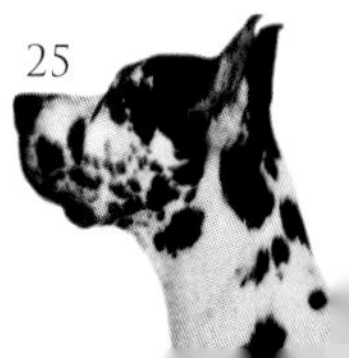

Tédio. O desejo de ter desejos.

LEON TOLSTÓI

A única coisa que lamento quanto ao meu passado é a sua duração. Se eu tivesse de viver tudo de novo, cometeria os mesmos erros, só que mais cedo.

TALLULAH BANKHEAD

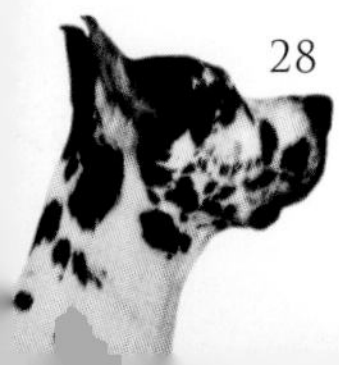

O amor é o maior embelezador do universo.

MAY CHRISTIE

Não me induzas à tentação;
eu posso chegar a ela
sozinha.

RITA MAE BROWN

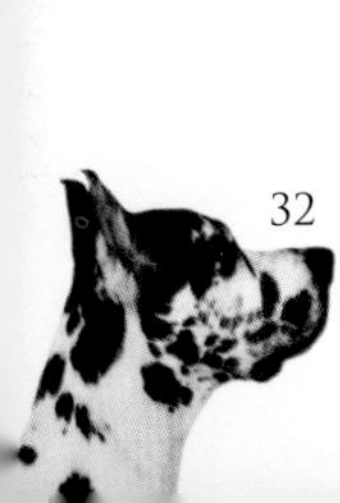

Diet Coke
Preztels $1.00
Cold SodA $1.00
HOT Sausage $1.25
Cold Snapple $1.25
Cold WAter 1.25

A verdadeira viagem de descobrimento
não consiste em buscar novas paisagens,
mas em ter novos olhos.

MARCEL PROUST

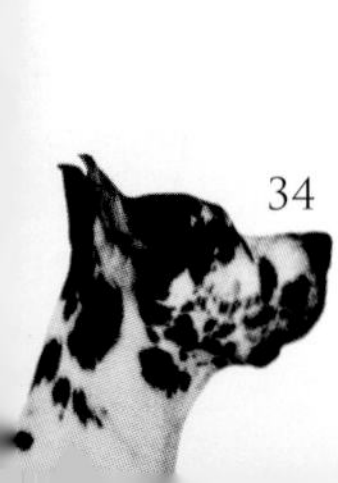

Nunca penso no futuro.
Logo, logo ele chega.

ALBERT EINSTEIN

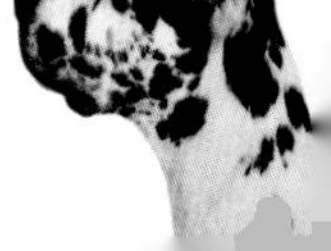

Bem-aventurados os mansos,
pois eles herdarão a terra.

MATEUS 5:5

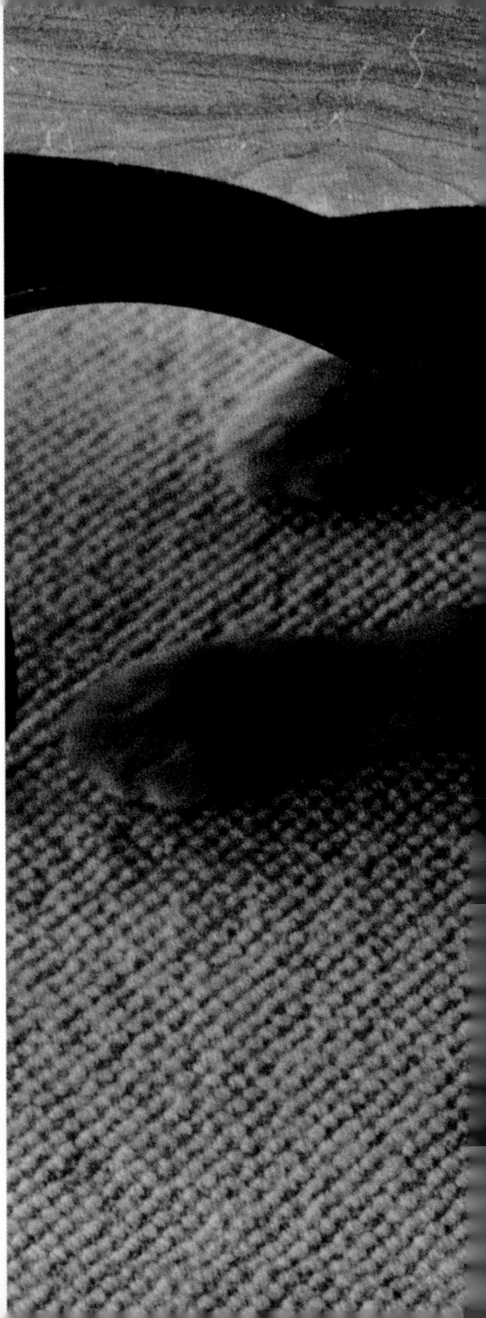

Muitas vezes, as aparências enganam.

ESOPO

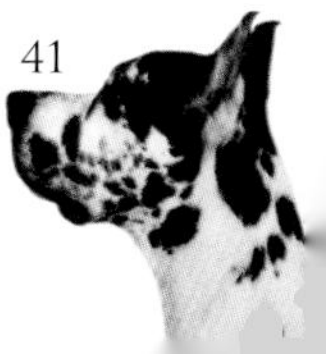

Depois que o fez, a natureza quebrou o molde.

LUDOVICO ARIOSTO

Olhos tão transparentes, que através deles pode-se ver a alma.

THÉOPHILE GAUTIER

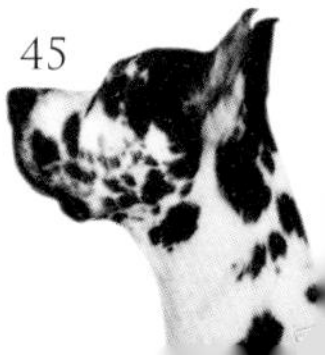

Procure o ridículo em tudo e o encontrará.

JULES RENARD

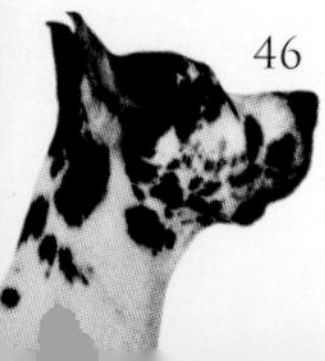

Não tenha amigos
que sejam diferentes
de você.

CONFÚCIO

Tenho uma opinião singela sobre a vida: mantenha os **olhos abertos** e siga em frente.

SIR LAURENCE OLIVIER

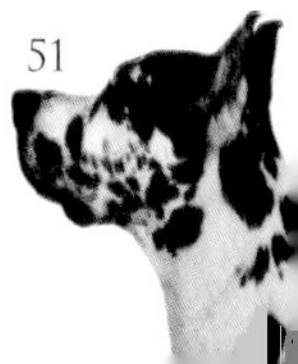

Há sempre uma certa paz em ser o que se é e em o ser completamente.

UGO BETTI

CHEWY GIRL

O mais rico é quem se contenta com o mínimo.

SÓCRATES

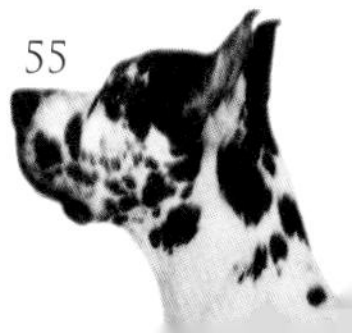

Não há beleza excepcional que não tenha alguma estranheza nas proporções.

SIR FRANCIS BACON

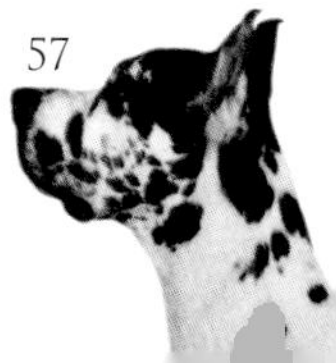

Enquanto há vida,

há esperança.

TEÓCRITO

Os feios e os inocentes não têm inimigos, a não ser o tempo.

W. B. YEATS

O pré-requisito que mais se espera de um amigo é um ouvido acessível.

MAYA ANGELOU

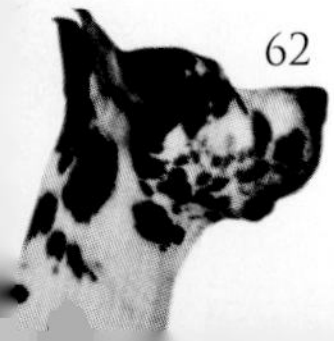

Acho que, se eu não fosse tão bonita, talvez tivesse mais personalidade.

JERRY HALL

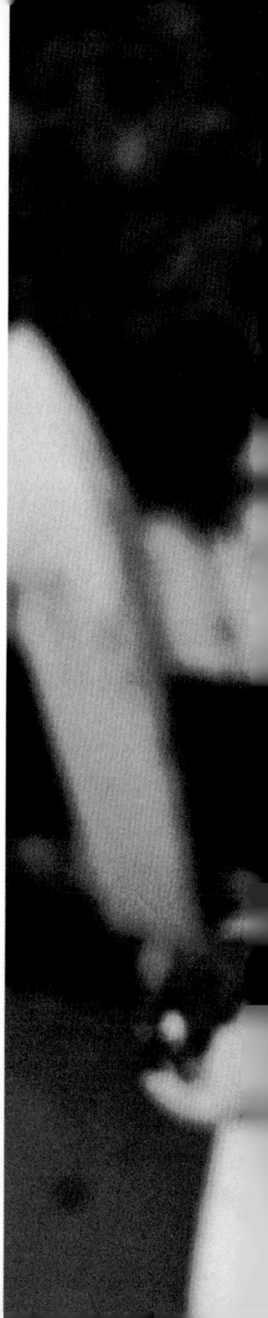

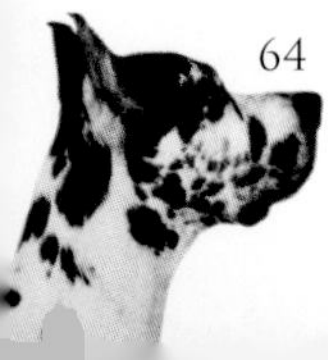

Os heróis são criados por exigência popular a partir dos materiais mais imprestáveis.

GERALD W. JOHNSON

Ora, essa cachorra tem praticamente um grau universitário. Ela sabe sentar, pedir e dar a patinha — não digo que vá fazê-lo, mas sabe.

DOROTHY PARKER

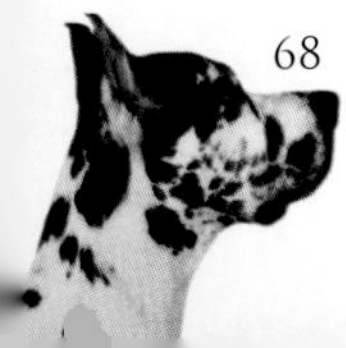

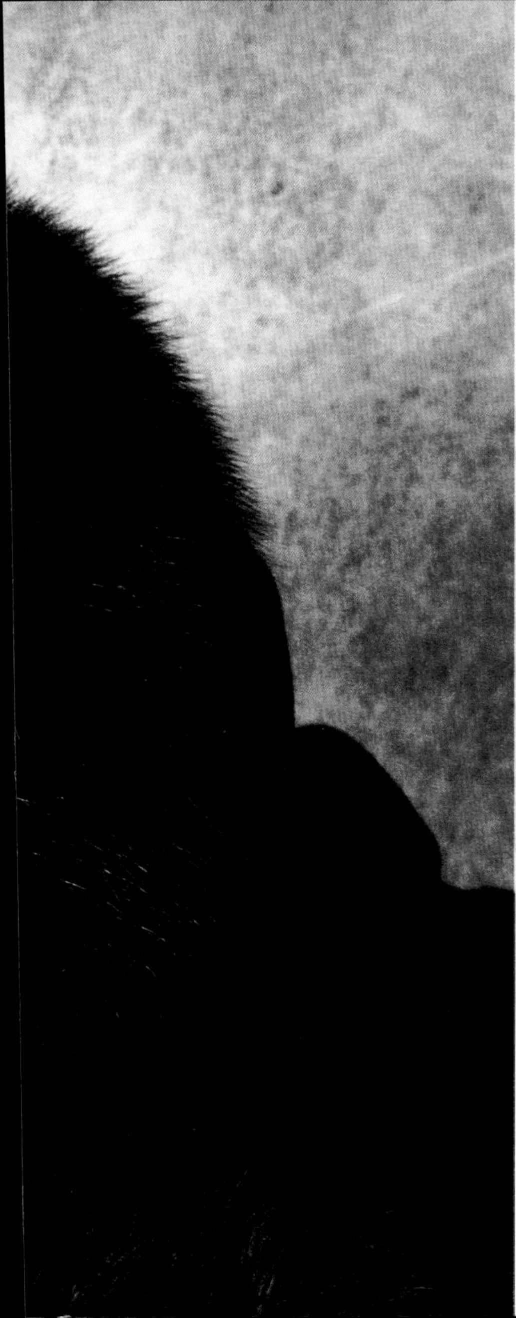

Amar a si próprio é o começo de um romance para a vida toda.

OSCAR WILDE

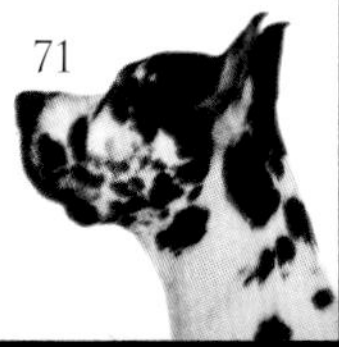

Duas almas e um único pensamento.
Dois corações que batem como um só.

FRIEDRICH HALM

Às vezes olho detidamente para o meu cachorro Stan e percebo uma triste melancolia e uma angústia existencial, quando, na verdade, ele está apenas quietinho, procurando moscas no teto.

MERRILL MARKOE

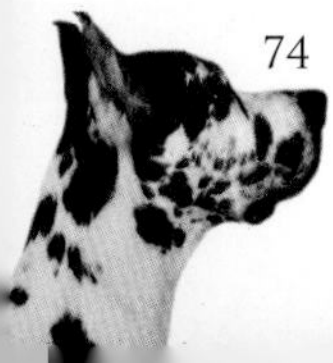

A beleza está nos olhos
de quem a vê.

MARGARET WOLFE HUNGERFORD

Os cães fazem exatamente o que faríamos
se não sentíssemos vergonha.

CYNTHIA HEIMEL

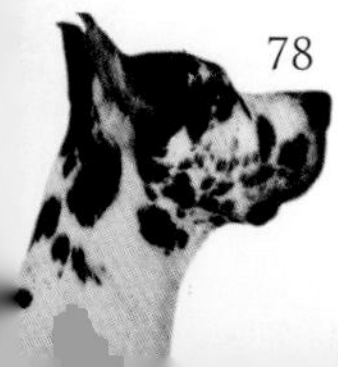

Ninguém pode fazer você se sentir inferior
sem o seu próprio consentimento.

ELEANOR ROOSEVELT

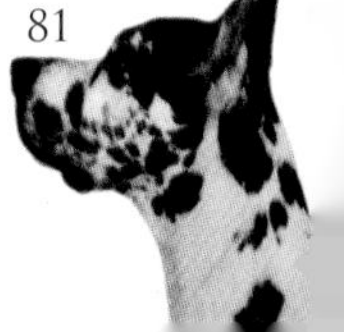

Estilo é saber quem você é, o que quer dizer e não dar a mínima.

GORE VIDAL

Quando olho para o futuro,
ele é tão brilhante,
que faz meus olhos arderem.

OPRAH WINFREY

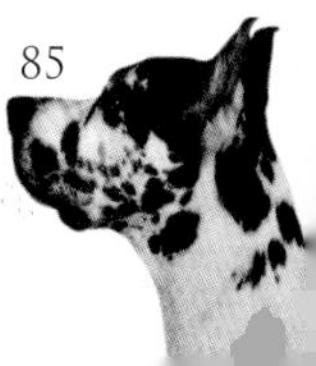

Você é único, e, se isso não é o bastante, então algo se perdeu.

MARTHA GRAHAM

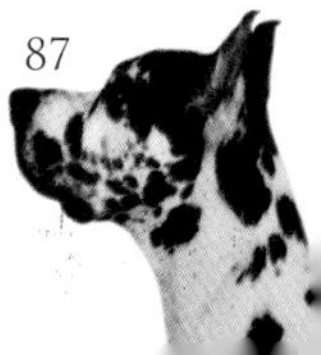

Quem tem "por que" viver é capaz de suportar qualquer "como".

FRIEDRICH NIETZSCHE

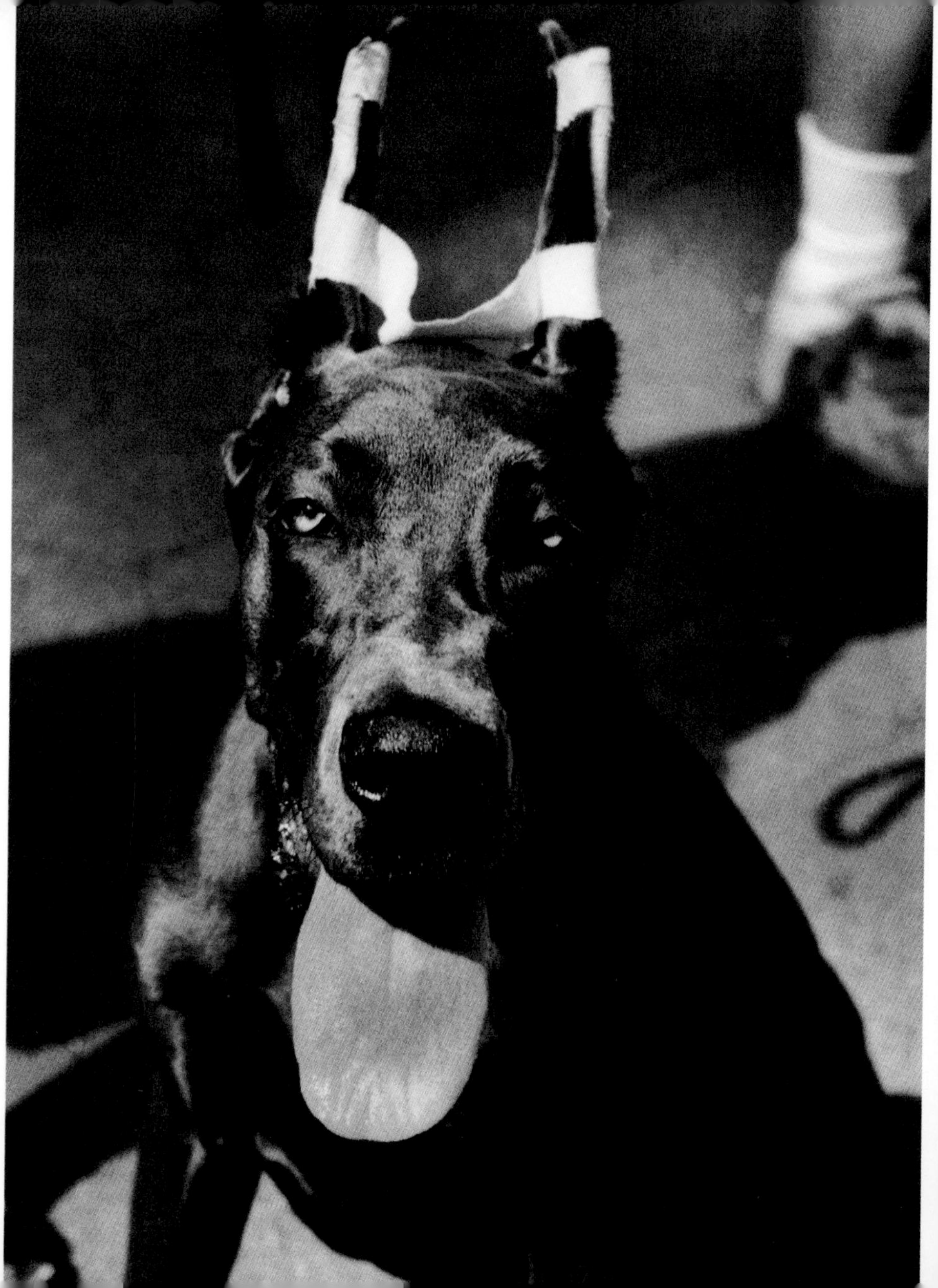

Os olhos são testemunhas
mais confiáveis do que os ouvidos.

HERÁCLITO

O que conta não é necessariamente o
tamanho do cachorro na luta,
e sim o tamanho da luta no cachorro.

DWIGHT D. EISENHOWER

Corra atrás da sua felicidade.

JOSEPH CAMPBELL

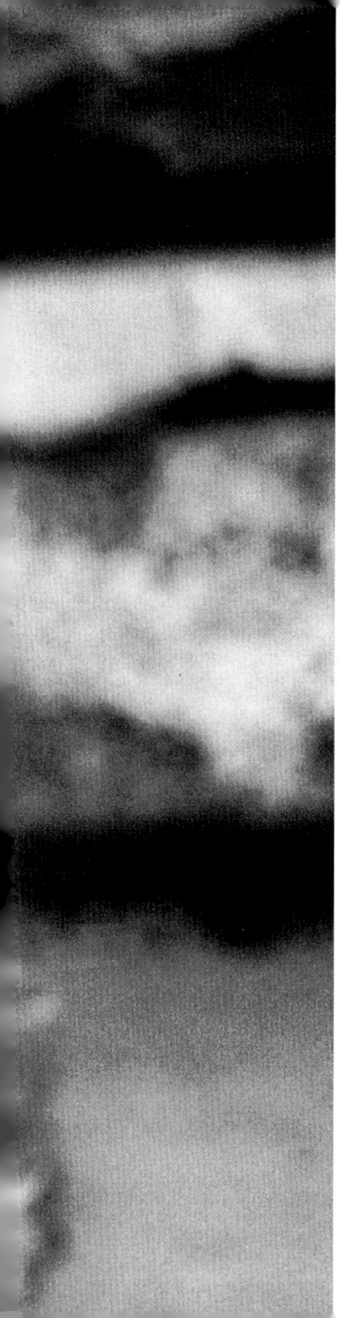

Na juventude, aprendemos;
com a idade, compreendemos.

MARIE VON EBNER-ESCHENBACH

Ninguém consegue escapar da sua
individualidade.

ARTHUR SCHOPENHAUER

Você vê as coisas e diz: "Por quê?"
Mas eu sonho com coisas que nunca
existiram e digo: "Por que não?"

GEORGE BERNARD SHAW

Sou o que sou; por isso, aceite-me como sou.

JOHANN VON GOETHE

O mundo não precisa ser arrumado,
o mundo já está em ordem.
Cabe a nós nos colocarmos
em harmonia com essa ordem.

HENRY MILLER

É isso aí, cara, se você tem o que exibir, exiba!

MEL BROOKS

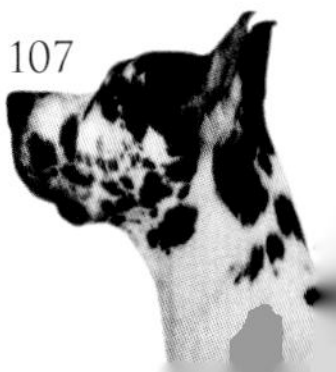

Ninguém torce por Golias.

WILT CHAMBERLAIN

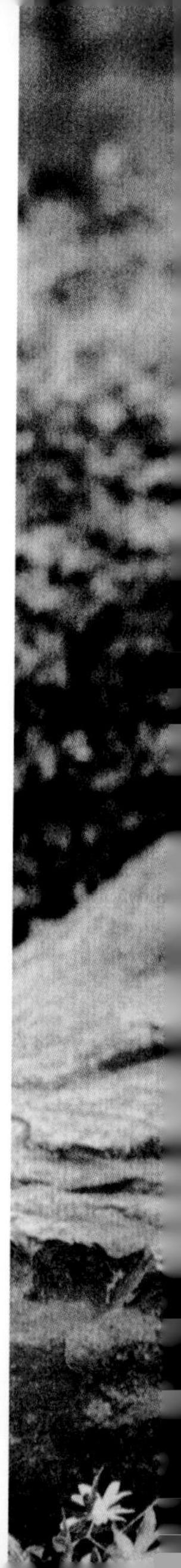

agradecimentos Obrigado a Nicole Duffy pela capacidade de se concentrar sem se dispersar, seja tentando descobrir aquele detalhe que nos escapa, seja pondo para dentro um vira-lata manhoso. Ao Charlie, esse canino sempre encantador (à esquerda), cujas expressões fazem meus enquadramentos parecerem sempre tão hábeis, animando com isso os seus humanos (assim como os de Chris Pavone e Madeline McIntosh) olhos e ouvidos a aceitarem trabalhar conosco num projeto. Um agradecimento de coração ao Chris, que esperou pacientemente pela hora certa de trabalharmos juntos. Devo-lhe não só a minha gratidão por sua contribuição vital na editoração do trabalho, sem nunca ter vociferado ou tentado se impor, mas também por sua tolerância com a minha capacidade de estourar prazos.

Vivas também para o pessoal da Clarkson Potter, que transformou o meu álbum de sobras de imagens em um belo e adorável livro. Assim, tiro o chapéu para: Marysarah Quinn, diretora de arte; Jane Treuhaft, diagramadora; Leigh Ann Ambrosi, publicitária; Trisha Howell, editora de produção; e Alison Forner, gerente de produção.

Para Patty e seus geniais técnicos da 68 Degrees, que compreendem e ajeitam tudo. Minha gratidão a Suzanne Barnett por manter-me bem-humorado quando era preciso achar um filme. Obrigado, Ken, Marty e Brittany por sua técnica e paciência. A Bob, da Spectra, por sua dedicação em fazer minhas revelações a tempo, e a Ed, que alisou muito bem o caminho (ou o celulóide, por assim dizer).

À minha mãe, não só por sua dedicação, mas sobretudo por sua orgulhosa exibição de meus livros sobre o seu piano. Bem, aqui vai mais um para o piano! Ao papai, que me olha de cima, cachimbo na boca, sorrindo para "meu filho, o autor de livros". A Donald Williams por estar sempre presente com um abraço. Louvor e biscoitos para o meu labrador, Caleb, que ainda não saiu em nenhum dos meus livros. Estou lhe devendo essa, rapazinho.

E um coro de gritos de louvor para todos aqueles maravilhosos e comoventes cachorrinhos que despertaram a minha imaginação, honrando-me com o prazer de captá-los em todo o seu esplendor canino.

o autor JIM DRATFIELD é o fotógrafo/proprietário da Petography (www.petography.com). Em sua extensa e diversificada lista de clientes, incluem-se Henry Kissinger, Oscar de la Renta, Jennifer Aniston e Michael Eisner. As fotos de Jim costumam ocupar amplo espaço na televisão, bem como na mídia impressa, com matérias e resenhas em publicações como *USA Today*, *People*, *The New York Times*, *Elle Decor*, entre outras. Ex-ator de teatro e TV, Jim vive hoje em Nova York com seu cão, Caleb.

Fotolitos
OPEN PUBLISH

Papel
COUCHÉ REFLEX ARCTIC L2 150g/m².

Impressão e acabamento
QUEBECOR WORLD SÃO PAULO S. A.